12星座うらないって、どんなもの？

昔の人は、いろいろな星の動きが人々に神秘的な影響や力をあたえてくれると考えて、星や星座の位置から運命や性格をうらなってきたんだ。このうらないはその中でも、生まれたときに地球から見て太陽が何座の方向にあったかで、その人がどんな運命や性格を持って生まれてきたかを知ることができる、人生の可能性を広げてくれるものなんだ。

お誕生日から何座か調べ

3/21〜4/19生まれ おひつじ座
守護星：火星
エレメンツ：火
行動タイプ：アクティブ

4/20〜5/20生まれ おうし座
守護星：金星
エレメンツ：土
行動タイプ：マイペース

5/21〜6/21生まれ ふたご座
守護星：水星
エレメンツ：風
行動タイプ：サポート

6/22〜7/22生まれ かに座
守護星：月
エレメンツ：水
行動タイプ：アクティブ

7/23〜8/22生まれ しし座
守護星：太陽
エレメンツ：火
行動タイプ：マイペース

8/23〜9/22生まれ おとめ座
守護星：水星
エレメンツ：土
行動タイプ：サポート

どんなことがわかるの？

その人の運命や性格、どんな未来がやってくるかがわかるよ。でも未来は決まっているものじゃなくて「運命の設計図」なので、自分自身で運命を切りひらいていくことができるんだ。この本を読んで、どんなことに向いているかな？　とか、どんなことにがんばろうかな？　とか、ヒントをつかんで運命を切りひらいてね！

てから、読んでみよう！

9/23〜10/23生まれ　てんびん座
守護星：金星
エレメンツ：風
行動タイプ：アクティブ

10/24〜11/22生まれ　さそり座
守護星：冥王星
エレメンツ：水
行動タイプ：マイペース

11/23〜12/21生まれ　いて座
守護星：木星
エレメンツ：火
行動タイプ：サポート

12/22〜1/19生まれ　やぎ座
守護星：土星
エレメンツ：土
行動タイプ：アクティブ

1/20〜2/18生まれ　みずがめ座
守護星：天王星
エレメンツ：風
行動タイプ：マイペース

2/19〜3/20生まれ　うお座
守護星：海王星
エレメンツ：水
行動タイプ：サポート

もくじ

12星座うらないって、どんなもの？ ……………… 2

どんなことがわかるの？ ………………………… 3

うらなう前に注意！ ……………………………… 6

第1章　12星座で見るあなたの性格 ……… 7

おひつじ座 ………………………………………… 8

おうし座 …………………………………………… 10

ふたご座 …………………………………………… 12

かに座 ……………………………………………… 14

しし座 ……………………………………………… 16

おとめ座 …………………………………………… 18

てんびん座 ………………………………………… 20

さそり座 …………………………………………… 22

いて座 ……………………………………………… 24

やぎ座 ……………………………………………… 26

みずがめ座 ………………………………………… 28

うお座 ……………………………………………… 30

12星座なんでもランキング！　Part1 ………… 32

第2章　12星座で見るみんなとの相性 ……… 33

おひつじ座 ………………………………………… 36

おうし座 …………………………………………… 37

ふたご座 …………………………………………… 38

かに座 ……………………………………………… 39

しし座 ……………………………………………… 40

おとめ座 …………………………………………… 41

てんびん座 ………………………………………… 42

さそり座 ……………………………………… 43

いて座 ……………………………………… 44

やぎ座 ……………………………………… 45

みずがめ座 ………………………………… 46

うお座 ……………………………………… 47

12星座なんでもランキング！　Part2 ……… 48

第3章　12星座で見るあなたの未来 ………… 49

おひつじ座 ………………………………… 50

おうし座 …………………………………… 50

ふたご座 …………………………………… 51

かに座 ……………………………………… 51

しし座 ……………………………………… 52

おとめ座 …………………………………… 52

てんびん座 ………………………………… 53

さそり座 …………………………………… 53

いて座 ……………………………………… 54

やぎ座 ……………………………………… 54

みずがめ座 ………………………………… 55

うお座 ……………………………………… 55

12星座なんでもランキング！　Part3 ……… 56

第4章　12星座タイプ別 あるある！ ………… 57

12星座うらない Q&A ………………………… 62

うらなう前に注意！

うらないで未来は決まらないよ！

12星座うらないでわかることは、あくまで「運命の設計図」だよ。自分の可能性を知るためのヒントにしてね。

人の性格を決めつけてはダメだよ！

うらないは人の性格をあらわすことがあるけど、完全に星のお告げのとおりに動いている人はいないよ。かならず運命を選ぶ自由があるんだ。

相性にいいとか悪いとかはないよ！

苦手に感じる人でもどんなふうにいいところがあるのか、探す手がかりにしてね。

運命は自分の手で切りひらこう！

うらないで運命は決まってしまわないよ。こんなふうになるよというヒントを教えてくれるものなんだ。自分の中の可能性をさがすために、うらないを使ってね。

第1章
12星座で見る あなたの性格

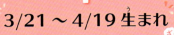

おひつじ座

3/21～4/19生まれ

守護星：火星
エレメンツ：火
行動タイプ：アクティブ

きほんの性格

正義感あふれるチャレンジャー

新しいことが大好きで、おもしろそうなものを見つけたらすぐ動いちゃう、じっとしていない行動派。インスピレーション豊かで、アイディアもどんどん出てくるよ。夢中になるとまわりが見えなくなっちゃって、気がついたらひとりで突っ走っていることも。間違ったことは大キライ。困っている人のためにたたかう力も持ってるよ。熱い心を持っているけど、ホントはとてもピュアで素直なんだ。

あなたの秘められた才能

チャレンジ精神とアイディア力は一番！

どんどん新しいことを思いついて、挑戦していく力を持ってるよ。頭の回転が速くて、カンがするどいから未来のことを見通す力もあるんだ。

おすすめ勉強法
ひとつのことをじっくり続けることが苦手。あきないように小分けにしてやって、こまめに答えあわせをしたり、できあがるたびに自分でポイントをつけたりしてみよう。

ぴったりのクラブ活動
1. 陸上クラブ
2. バスケットボールクラブ
3. 演劇クラブ

ぴったりの委員会
1. 体育委員会
2. 集会委員会
3. 児童会・生徒会

あなたの性格

あなたの友情
みんなを明るくもりあげる！

ポジティブパワー全開で、みんなをもりあげることができるよ。新しい遊びをたくさん思いつくのも上手。リーダーシップがあって、面倒見もとてもいい。弱い子を助けるためにケンカをしちゃうことも。サバサバしていて表裏がないからだれとでもなかよくできるけど、特定の人とベタベタするのは苦手。にぎやかすぎて、まわりからはうるさいって言われちゃうことも。

あなたの友情グラフ

みんなをもりあげる / 助けてあげる / だれとでもなかよし / 秘密を守る / ずっとなかよし / いっしょにがんばる

あなたの恋愛
好きになったら一直線！

走り出したら止まらない。相手がドン引きしてても関係ない！と、ガンガン押しまくり。でも熱しやすく冷めやすいのが玉にキズ。素直にストレートに気持ちを伝えることと、ちゃんと相手の気持ちを考えるのが恋の必勝法だよ。

おひつじ座の男の子は
行動力あるヒーロータイプ

みんなの先頭に立って新しいことに挑戦し、強い相手や大変なことにも立ち向かう勇気を持ってるよ。気持ちはすごく純粋で素直。ただしちょっとあわてんぼうなところも。

幸運の鍵

- カラー：赤、黒、茶
- 曜日：火曜日
- ナンバー：9
- スポット：運動場、キャンプ場
- おしゃれ：帽子、カチューシャ、コロン
- 花：ダリア
- 宝石：ルビー
- アイテム：打楽器、辛いもの

あなたのダークサイド
強さこそ正義な暴君!?

弱い子を見るとイライラしていじめたり、強い子とだけなかよくしたり、強い子の影にかくれて強いふりしてないかな？思いやりのある強い子になろう。

4/20～5/20生まれ
おうし座

守護星：金星
エレメンツ：土
行動タイプ：マイペース

きほんの性格

感性豊かなのんびり屋さん

生まれながらにすぐれた五感を持ってるよ。色、味、音、香り、触り心地にすぐれたセンスを発揮できるんだ。のんびりしててマイペースだけど、心地よい状態を作るためにはすごくマメ。おいしいものも大好きで、ちょっと食いしん坊。そしてとてもまじめで現実的、ぶれない芯の強さがあるんだ。目的に向かってコツコツとこなしていく力と集中力はバツグン。うそが苦手だから、誠実だよ。

あなたの秘められた才能

五感で覚えたことは忘れない！

一度体を使って覚えたことは忘れないし、すばやくできるようになるよ。いいものを感じ取れる力を持っているから、芸術的センスもあるんだ。

おすすめ勉強法

短い時間で要領よく勉強することは苦手。お気に入りの文房具で勉強しやすい環境をつくっちゃおう。書いて覚えたり、音読したり、体を使った勉強法がおすすめ。

ぴったりのクラブ活動
1. 図工・美術クラブ
2. 音楽クラブ
3. 料理クラブ

ぴったりの委員会
1. 栽培委員会
2. 音楽委員会
3. 給食委員会

あなたの友情

穏やかで誠実、安心な感じ！

気持ちが落ち着いていて裏表がないので、とても信頼されるよ。人見知りするのでなかなかよくなれないけど、一度心を開くとずっとなかよし。ひとりずつ誠実につきあうので、大勢の人と一度に遊ぶのは苦手。なかよしな人を少しずつ増やしていくと、いずれはみんながあなたのもとに集まってくるようになるよ。マイペースなので少しはお友だちにあわせるといいかも。

あなたの友情グラフ

- みんなをもりあげる
- 助けてあげる
- だれとでもなかよし
- 秘密を守る
- ずっとなかよし
- いっしょにがんばる

あなたの恋愛

慎重でなかなか恋をしない

恋になかなか気づけない、鈍感なところがあるよ。気づいても気持ちが伝えられない、はずかしがり屋さん。気持ちを伝えられないうちに恋が終了してしまうことも。笑顔で親切にしてあげることが、恋を進めるチャンスだよ。

おうし座の男の子は

誠実でしっかりものタイプ

落ち着いていて、必要なことをコツコツとがんばれるタイプ。うそをついたり、ずるをするのは苦手で、すごくまじめなんだ。ただし、かなりのんびり屋さんでマイペースみたい。

幸運の鍵

カラー：緑、アイボリー、コーラルピンク
曜日：金曜日
ナンバー：6
スポット：植物園、音楽室
おしゃれ：ネックレス、スカーフ
花：すみれ
宝石：エメラルド
アイテム：財布、観葉植物

あなたのダークサイド

マイペースなよくばり!?

のんびりしすぎて遅刻したり、物を大事にしすぎて、貸すのをためらったり。あれもこれもとよくばりすぎて、身動きが取れなくなることも。手放して身軽になると幸運がまいこむよ。

あなたの性格

♊ ふたご座

5/21 ～ 6/21 生まれ

守護星：水星
エレメンツ：風
行動タイプ：サポート

きほんの性格

マルチな才能を持つ知性派

頭が良くていろいろなことを同時にこなせる才能を持っているよ。言葉に敏感で、いろいろな情報を集めるのがうまく、それを人に伝えるのもとても上手。興味のあることを調べて、試してみるのも大好き、好奇心旺盛だよ。要領よくなんでもすばやくスマートにこなせる器用さは、だれにも負けないはず。自由気ままなさわやかさん。人のいいところを見つけるのもうまいので、ほめ上手だよ。

あなたの秘められた才能

いろいろなことを同時にできる！

興味を持つことがころころと変わるから、いろいろな教科を少しずつ勉強することがおすすめだよ。できそうなところからやろう。

おすすめ勉強法
ひとつのことを深く掘り下げて考えるのは苦手。ノートをお気に入りの文房具を使ってカラフルにまとめてみよう。工夫して書くことによって理解が深まるよ。

ぴったりのクラブ活動

1. バスケットボールクラブ
2. ドッジボールクラブ
3. 科学クラブ

ぴったりの委員会

1. 放送委員会
2. 新聞委員会
3. 図書委員会

あなたの友情
ほめ上手でおしゃべりが楽しい！

好奇心旺盛で情報を集めるのが得意なので、いろいろな楽しい話をたくさん知ってるよ。クールな面があって、すごくまわりの人を冷静に観察してるんだ。だから友だちのいいところをすぐに言い当てることができるんだよ。反対にお調子者の面もあって、楽しい話題でみんなをもりあげることもできる。気分がコロコロかわるのが弱点かも。

あなたの友情グラフ

- みんなをもりあげる
- 助けてあげる
- だれとでもなかよし
- 秘密を守る
- ずっとなかよし
- いっしょにがんばる

あなたの性格

あなたの恋愛
かけひき上手な恋の達人！

おしゃべりでもりあがれる、頭の回転が速い人が好き。そして好きになると、相手をからかいたくなったり、気まぐれに振る舞ってみたり。かけひきが上手な恋の達人なんだ。でもジョークが通じる子か、ちゃんと相手を見てね。

ふたご座の男の子は
頭の回転が速い道化師タイプ

ああ言えばこう言う切り返しがとても上手で、おしゃべりでみんなを笑わせてくれるよ。どんなにふざけていても、実はクールなんだ。おもしろくないとささっと逃げちゃうところも。

幸運の鍵

- カラー：淡い黄色、黄緑、オレンジ
- 曜日：水曜日
- ナンバー：5
- スポット：ショッピングモール、放送室
- おしゃれ：リストバンド、おしゃれな時計
- 花：すずらん
- 宝石：トパーズ
- アイテム：スマートフォン、手帳

あなたのダークサイド
まじめも努力も大キライ！

興味がないことを地道に努力することは大キライ。まじめなことを言われると、テキトーなことを言ってごまかしちゃったり。必要なときは、ちゃんと正面から向きあおう。

13

かに座

6/22～7/22生まれ

守護星：月
エレメンツ：水
行動タイプ：アクティブ

きほんの性格

人の気持ちに敏感なやさしい人

はずかしがり屋で、なかなかうちとけないかに座さん。でも親しい人の気持ちを、そっとくみ取れるやさしさを持っているよ。そして悲しんでいる人や傷ついている人のフォローがとても上手。積極的に声をかけたり、世話を焼いたりできるんだ。家族や友だちのためにがんばれる勇敢さと行動力も持っているよ。家事をしたり料理をしたりするのも得意で、いつもだれかのためにがんばってるよ。

あなたの秘められた才能

記憶力バツグンのコピー能力！

好きなことや好きな人のまねが得意だから、まずはその教科や先生の好きなところを探そう。おもしろいなぁと思う部分から覚えていこう。

おすすめ勉強法

キライだと思うと全然興味がなくなってしまうことがあるよ。なかのいい友だちといっしょに勉強したり、家族といっしょにやったり、勉強の時間を楽しくすごせるようにしよう。

ぴったりのクラブ活動

1. 手芸クラブ
2. 料理クラブ
3. まんが・アニメクラブ

ぴったりの委員会

1. 給食委員会
2. 栽培委員会
3. 飼育委員会

あなたの友情

やさしくて友だち思い！

はずかしがり屋さんだけど、一度、友だちだと思うととても面倒見がいいんだよ。細やかな気づかいでまわりの人のお世話ができるんだ。友だちの気持ちにも敏感で、悲しんでいる人にはいっしょに悲しんであげることもあるよ。同じグループやなかま以外には冷たいところがあるので、みんなでなかよくを心がけてね。

あなたの友情グラフ

- みんなをもりあげる
- 助けてあげる
- だれとでもなかよし
- 秘密を守る
- ずっとなかよし
- いっしょにがんばる

あなたの性格

あなたの恋愛

恋っていうより家族愛!?

面倒見がとてもいいので、好きになるとまるで家族のようにいろいろ世話を焼きたくなってしまうよ。ちょっとしっと深いところもあるので、そくばくしすぎないようにね。スイーツやバッグや小物など、作ってプレゼントするのがおすすめ。

かに座の男の子は

世話好きなお父さんタイプ

とてもマメで好きな友だちのためにはかいがいしく世話を焼く、やさしい子だよ。なかまを大事にする気持ちが強くて、影のリーダー役。ただしなかまと認めた相手以外には冷たいところも。

幸運の鍵

- カラー：乳白色、薄いピンク、シルバー
- 曜日：月曜日
- ナンバー：2
- スポット：家、給食室、海辺
- おしゃれ：ペンダント、ふたごコーデ
- 花：ゆり
- 宝石：パール
- アイテム：家族の写真、キッチンツール

あなたのダークサイド

傷つくとキレちゃう!?

いつもはやさしいのに、心が傷つくとはげしく怒ったり、ほかの人にあたったりしちゃう。気分の波がはげしくて、友だちもびっくり。イライラしたら深呼吸をしよう。

7/23～8/22生まれ
しし座

守護星：太陽
エレメンツ：火
行動タイプ：マイペース

きほんの性格

生まれながらのアイドル

好きなことには全力でがんばれるよ。何かを作ったり、歌ったり踊ったりのような表現をしたりするのは大の得意。大輪の花のように明るいのでしし座さんが楽しんでいるだけで、みんなを楽しませたり、元気づけたりすることができるんだ。また、好きなことをやりとげる集中力と行動力もすごい。いつも自信にあふれているけど、できるまでものすごくがんばるかくれた努力家さんでもあるんだよ。

あなたの秘められた才能

表現力バツグンの芸術家タイプ！

歌ったり、絵を描いたり、作文したり。表現することは大の得意。おもしろいと思ったことにはとことん夢中になって取り組めるよ。

おすすめ勉強法

漢字や計算の練習など、くりかえしやるようなことはとても苦手。集中してできるように、音楽を聞きながらやるなど自分だけの「やる気スイッチ」を決めよう。

ぴったりのクラブ活動
1. 演劇クラブ
2. 図工・美術クラブ
3. ダンスクラブ

ぴったりの委員会
1. 体育委員会
2. 集会委員会
3. 児童会・生徒会委員会

16

あなたの友情

みんなのお姉さん役！

明るくて楽しくて芸達者なので、いつも遊びの輪の中心にいるよ。友だちが困っているときほどがんばって助けようとするので、頼りになるお姉さん役なんだ。新しい遊びを作るのも得意でどんどんもりあげるのも上手。ただし、楽しすぎると自分勝手になってしまうことが。みんながいっしょに楽しめるようにしようね。

あなたの性格

あなたの友情グラフ

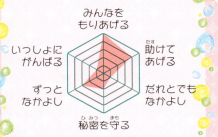

- みんなをもりあげる
- 助けてあげる
- だれとでもなかよし
- 秘密を守る
- ずっとなかよし
- いっしょにがんばる

あなたの恋愛

燃えるようなドラマティックな恋

なかなか夢中になれないけど、一度夢中になると一直線！ 熱く燃え上がるような恋をするよ。暴走しすぎると、相手を無視して愛情を押しつけてしまうことも。遊園地やテーマパークなど、楽しいところでの告白がおすすめ。

みんなに頼られる王様タイプ

しし座の男の子は

堂々としていて自信にあふれているよ。好きなことに集中しているときは、すごいパワーを発揮できるんだ。ただし、自分の楽しいことだけを押しつける、空気が読めない部分も。

幸運の鍵

カラー：金色、オレンジ、黄色
曜日：日曜日
ナンバー：1
スポット：テーマパーク、日なた
おしゃれ：はなやかなドレス、金色のアクセサリー
花：ひまわり
宝石：ダイヤモンド
アイテム：光るもの、自分の写真

あなたのダークサイド

主役はわたし！ 裸の王様!?

自分が主役だと思えないとしょんぼりしてしまって、すねてしまう。まわりの人から見たら面倒くさい人になってるよ。まわりの人の話をちゃんと聞こう。

17

8/23～9/22生まれ
おとめ座

守護星：水星
エレメンツ：土
行動タイプ：サポート

● きほんの性格

まじめで几帳面なロマンティスト

自分でできるようになるためにがんばる努力家さんだよ。観察する力もすぐれているので、じっと観察して自分でできるまで繰り返し練習することができる。とてもまじめで優秀なんだ。そしてとても几帳面で完ぺき主義。細かいところまで気が利くし、きちんとやろうとするよ。でもロマンティックなところもあるんだ。音楽や読書、ファンシーなファッションやグッズが好きだったりするよ。

あなたの秘められた才能

すぐれた観察力を持つ知性派！

どんなふうにやったらうまくいくか、じっくり観察する力をもっているよ。早くできる自分なりのやり方を工夫するのも得意なんだ。

ぴったりのクラブ活動
1. 音楽クラブ
2. 囲碁・将棋クラブ
3. 科学クラブ

おすすめ勉強法

細かいところを気にしすぎて時間内に終わらないことも。いつまでに何をやればいいのかチェック表を作って、スタンプを押したりシールをはったりするとやる気が出るよ。

ぴったりの委員会
1. 保健委員会
2. 環境委員会
3. ボランティア委員会

あなたの友情

影からしっかりサポート！

友だちの話をじっくり聞いたり、困っているときはさりげなく助けてあげる、気づかい上手さん。学校を休んだときにノートを貸してくれたり、保健室につきそってくれたりするのも、おとめ座さんならでは。ただし、ダメ出しはNG。ついつい自分の基準でがんばってるかどうかを決めがちだけど、まずは大変な人の気持ちによりそってあげようね。

あなたの友情グラフ

- みんなをもりあげる
- 助けてあげる
- だれとでもなかよし
- 秘密を守る
- ずっとなかよし
- いっしょにがんばる

あなたの恋愛

たえしのぶ恋が好き！？

好きな人の役に立ちたい！　まじめでいちずな恋をするよ。好きになると気づいてもらえるまでまわりをウロウロ。それじゃあなかなか進まないよね。あなたのまじめさを見てもらえるので、いっしょに委員や係をやるのがおすすめ。

有能でそつがない執事タイプ

なんでも自分できちんとしたいんだ。できるようになるためにはすごくがんばるし、できるようになったらその力でみんなを助けようとする。でもときどき、できない人に厳しいかも。

おとめ座の男の子は

幸運の鍵

カラー：白、紺、水色
曜日：水曜日
ナンバー：5
スポット：保健室、病院、草原
おしゃれ：プリーツのスカート、ジャケット
花：忘れな草
宝石：ヒスイ
アイテム：除菌シート、アロマグッズ

あなたのダークサイド

ダメ出し＆おせっかい焼き

自分のやり方が一番だと思って、ついついダメ出ししたり、おせっかいを焼いたりしてないかな？　手伝ってと頼まれてからがんばろう。

あなたの性格

てんびん座

9/23～10/23生まれ

守護星：金星
エレメンツ：風
行動タイプ：アクティブ

きほんの性格
バランスに感覚すぐれたおしゃれさん

とても美的センスがよくて、どんなふうにすれば素敵に見えるかなというのをいつも意識しているよ。バランス感覚にもすぐれているので、さりげなく上品なおしゃれが上手。観察力もバツグンなので、まわりの人への気配りも細やか。人の話をしっかり聞いて、スマートなコミュニケーションができるんだよ。友だちに友だちを紹介したりも得意。友だちの輪をどんどん広げていけるよ。

あなたの秘められた才能

情報収集の達人！

まわりの人との会話からいろいろな知識を集めるのが得意だよ。また頭の回転が速いので、要領よく勉強を進めていけるんだ。

ひとりで机に向かって勉強したり、興味のない情報を集めたりするのは苦手。いろいろな友だちといっしょに勉強すると、わからないことを教えあったりしてはかどるよ。

ぴったりのクラブ活動
1. 卓球クラブ
2. 料理クラブ
3. 囲碁・将棋クラブ

ぴったりの委員会
1. 美化委員会
2. 放送委員会
3. 集会委員会

あなたの性格

あなたの友情
だれとでもなかよし！

てんびん座さんがなかまにひとりいるだけで、友だちどうしがとてもなかよくできる。人と人とをつなげる力をもっているよ。いろいろな人の話を聞いて、やってあげたらいいことをさっとやってあげることもできるんだ。ただし、面倒なことをほかの人に押しつけるのはNG。大変なことはみんなで分担してやろうね。

あなたの友情グラフ

- みんなをもりあげる
- いっしょにがんばる
- 助けてあげる
- ずっとなかよし
- だれとでもなかよし
- 秘密を守る

あなたの恋愛
みんなに恋人を見せたーい！

パートナーがいることが大事なてんびん座さん。すぐに気持ちを伝えることができるよ。そしてすぐに友だちに紹介したいんだ。ダメだとあきらめも早くて、とてもせっかち。ゆっくりとコミュニケーションを取ってなかよくなろうね。

クールだけどやさしいアイドルタイプ

てんびん座の男の子は

だれにでも気づかいができてやさしいよ。おしゃれのセンスもバツグンで流行っていることにも詳しいんだ。ただし嫌なことがあるとさっとほかの人に投げちゃうことも。

幸運の鍵

- カラー：ピンクローズ、緑、オレンジ
- 曜日：金曜日
- ナンバー：6
- スポット：美容院、カフェ、花屋
- おしゃれ：ワンピース、上品な服
- 花：バラ
- 宝石：サファイア
- アイテム：コンパクトミラー、花

あなたのダークサイド
みんなにいいね！と言われたい!?

人からどう思われるかを気にしすぎて、相手によって態度を変えすぎちゃう。八方美人すぎると信用をなくしちゃうよ。自分の意見をきちんと伝えたほうが、あなたを魅力的に見せるよ。

10/24〜11/22生まれ
さそり座

守護星：冥王星
エレメンツ：水
行動タイプ：マイペース

● きほんの性格

ミステリアスな情熱家

なかなかほかの人とうちとけないはずかしがり屋さん。何考えてるかわからない、なんて言われたりしちゃう。好きなことや好きな人にはすごく夢中になるんだけど、まわりの人には言わずに寝るのも忘れてとことん打ちこむよ。好きなものを集めたり、ほかの人が知らないようなことを調べたりするのも大得意。見えないことや不思議なこと、かくされた秘密にドキドキしちゃう。

あなたの秘められた才能

なりきり能力バツグン！

好きなことや好きなものになりきる能力をもっているよ。ただのものまねじゃない、好きなものに完全に入りこめる力があるんだ。

おすすめ勉強法
興味がない教科はいつまでも取りかからないのが欠点。その教科の登場人物になった気持ちで、やってみよう。

ぴったりのクラブ活動
1. 演劇クラブ
2. 歴史クラブ
3. 料理クラブ

ぴったりの委員会
1. 給食委員会
2. 保健委員会
3. 飼育委員会

22

あなたの性格

あなたの友情
好きな子とは一心同体！

大好きな友だちのためなら、なんでもできるパワーを持っているよ。好きなことがいっしょに楽しめると、パワー倍増！ 秘密を打ち明けあうときずながしっかり深まるよ。友だちの好きなことにもいっしょに挑戦してみてね。ただし、友だちをひとりじめしすぎるのはダメだよ。いろいろな人となかよくするようにしようね。

あなたの友情グラフ

みんなをもりあげる
助けてあげる
だれとでもなかよし
秘密を守る
ずっとなかよし
いっしょにがんばる

あなたの恋愛
尽くして燃え尽きる恋

なかなか気持ちを伝えられず、陰からじ〜っと見つめたまま何年も…。片思いで燃え尽きちゃうことも。きちんと言葉にして告白しよう。気持ちをこめた小さなプレゼントをするのもいいかも。しっと深いところもあるので注意してね。

さそり座の男の子は
ミステリアスな魔法使いタイプ

はずかしがり屋さんでうちとけるまでにすごく時間がかかるよ。一度、気持ちが通じあうとずっとなかよし。ただし興味がなくなると全然相手にしてもらえないかも。

幸運の鍵

カラー：ワインレッド、黒、真紅
曜日：火曜日
ナンバー：0
スポット：自分の部屋、お寺や神社
おしゃれ：かわいい下着、オーガンジー素材
花：ゼラニウム
宝石：ガーネット
アイテム：お守り、おやすみグッズ

あなたのダークサイド
自己中なオーディション開催!?

好きな友だちとだけ遊びたい…強引なオーディションが開催され、ターゲットにされた子は逃げられない!? 友だちの気持ちも大事にしよう。

11/23～12/21生まれ
いて座

守護星：木星
エレメンツ：火
行動タイプ：サポート

きほんの性格
好奇心旺盛な冒険家

おもしろそうと思ったら、どんなところにも飛び出していくよ。とても前向きで、失敗したときのことなんか考えない。目標が高ければ高いほど燃えるタイプで、夢はとても大きい！ 視野が広いので、不思議なことや、まだ知らないことを見つけるのが得意。外国に縁がある人も多くて、知らない民族や文化のことを学んでいくのも好きなんだよ。自由な発想と考え方ができるんだ。

あなたの秘められた才能
広い視野を持つ研究者タイプ！

好奇心旺盛で、わくわくすることを見つけるとどんどん調べていけるタイプ。自由研究のような新しい発見ができるものが得意なんだ。

おすすめ勉強法
答えが決まっているような勉強は、つまらなく感じてしまうのが欠点。ライバルと点数を競いあったり、得点の目標を決めたりしよう。

ぴったりのクラブ活動
1. 体操クラブ
2. 科学クラブ
3. ダンスクラブ

ぴったりの委員会
1. 体育委員会
2. 図書委員会
3. 放送委員会

あなたの友情

みんなの長所を見つけ出す！

どんな子でもいいところを見つけることができるよ。ベタベタしたつきあいは好きじゃないけど、いっしょにがんばれるなかまがいると楽しいし、ライバルがいると元気になれるんだ。ゲームや競争も大好き！もりあがれるよ。ただし、調子に乗りすぎてハメを外さないこと。みんなで怒られないように注意してね。

あなたの性格

あなたの友情グラフ

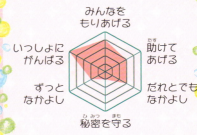

- みんなをもりあげる
- 助けてあげる
- だれとでもなかよし
- 秘密を守る
- ずっとなかよし
- いっしょにがんばる

あなたの恋愛

おたがいに高めあいたい恋

友だちのようなノリの恋が好きなタイプ。それぞれ目標を持って、それに向かってがんばれる関係なら最高！ まずは相手の好きなことをいっしょにやってみるといいかも。友だちのノリのままになっちゃいがちなのが、玉にキズかな。

いて座の男の子は

大胆で行動力ある冒険者タイプ

好奇心旺盛で、おもしろそうなことを見つけたらどこにでもすぐに飛んでいくよ。興味のあることはどんどん研究していくんだ。ただしじっと座っていることが苦手で、落ち着きがないかも。

幸運の鍵

カラー：スカイブルー、マゼンタ、ターコイズ
曜日：木曜日
ナンバー：3
スポット：図書館、映画館
おしゃれ：アウトドアウェア、ブーツ
花：たんぽぽ
宝石：アメジスト
アイテム：方位磁石、百科事典

あなたのダークサイド

だれよりも上へ！ 意識高い系!?

ほかの人の足を引っ張っても勝ちたいって思ってないかな？ 競争心がはげしすぎて、お友だちもびっくり。勝負はせいせいどうどうと、そしてみんなといっしょにがんばることを心がけて。

♑ やぎ座
12/22～1/19生まれ

守護星：土星
エレメンツ：土
行動タイプ：アクティブ

● きほんの性格

ルールを守る努力家

きちんと決まりを守ること、目標を達成することが大切なことなんだ。まじめって言われちゃうけど、ちゃんと結果を出すことが何より大事。そのためには計画を立てて努力も惜しまないよ。だけどセンスのよさも持ってるんだ。アンティークや歴史あるもののよさがわかっているので、古い物でも大事にするし、昔の芸術も好きなんだよ。礼儀作法がきちんとしていて、かっこいいんだ。

あなたの秘められた才能

頂点をめざす優等生タイプ！

いい成績、いい点数を取りたいタイプ。そのための計画を立てるのが得意で、計画通りに勉強を進めていくことができるがんばり屋さんなんだ。

おすすめ勉強法
役に立つことばかりをがんばりすぎるのが欠点。点数や評価につながらない勉強もとても大切。たまにはテストに関係ない物語を読んでみたり、自由研究をしてみたりしよう。

ぴったりのクラブ活動
1. 習字クラブ
2. 陸上クラブ
3. 歴史クラブ

ぴったりの委員会
1. 児童会・生徒会
2. 生活・風紀委員会
3. 環境委員会

あなたの性格

あなたの友情
まじめなみんなのリーダー！

みんなを引っ張っていくことができる、責任感のあるリーダータイプだよ。遊んでいてもハメを外したりしない、まじめなタイプ。時間をきちんと守るので、みんなからも頼りにされるんだ。ただし、あまり堅苦しいのはNG。友だちとのおつきあいは、正しいことがいつも正解とは限らないから、やさしく見守ることも大事だよ。

あなたの友情グラフ

- みんなをもりあげる
- 助けてあげる
- だれとでもなかよし
- 秘密を守る
- ずっとなかよし
- いっしょにがんばる

あなたの恋愛
将来を約束したい恋

まじめなので、恋なんて時間のムダ！というタイプもいるよ。でも一度恋をすると、ぐっとドラマティックな恋愛をすることも。まずはいっしょに勉強したり塾に行ったりしてみよう。まじめすぎるとつまらないので、息抜きも大事にね。

責任感あふれるリーダータイプ

やぎ座の男の子は

とてもまじめなみんなのまとめ役だよ。決まりをきちんと守って友だちにもアドバイス。勉強もがんばり屋さんなんだ。ただしまじめすぎて融通がきかないかも。

幸運の鍵

カラー：ダークグリーン、黒、あずき
曜日：土曜日
ナンバー：8
スポット：博物館、歴史資料館、塾
おしゃれ：着物、クラシックなドレス
花：パンジー
宝石：オニキス
アイテム：賞状、日記帳

あなたのダークサイド
だれよりもいい子でいたい!?

なにかあるとすぐに先生や大人に言いつけて、特別あつかいしてもらおうと思ってないかな？友だちからヒンシュクを買っちゃうことも。なかまの気持ちを大切にね。

みずがめ座

1/20～2/18生まれ

守護星：天王星
エレメンツ：風
行動タイプ：マイペース

きほんの性格

個性的な自由人

普通の感覚や常識にとらわれない個性を発揮できるよ。人の個性を見つけるのが得意で、年齢や性別、国籍など関係なく友だちになれる才能があるんだ。もっと今よりよくするにはどうしたらいいかいつも考えていて、頭の中はアイディアがいっぱい。情報を集めるのが得意で流行の最先端を行くので、変わってる人と思われてしまうことも。自分のやり方をつらぬくガンコな一面もあるよ。

あなたの秘められた才能

コンピュータのような頭脳派！

いろいろな情報をたくさん集めて、必要なときに必要な分だけ取り出すことができるよ。タブレットやパソコンなどを使いこなすのも上手なんだ。

おすすめ勉強法

いい成績を取るためにがんばるということに、興味が持てないタイプ。勉強したくないとひねくれモードになる人も。集めた情報を楽しく役立たせよう。

ぴったりのクラブ活動

1. コンピュータクラブ
2. まんが・アニメクラブ
3. 英語クラブ

ぴったりの委員会

1. 集会委員会
2. 新聞委員会
3. 図書委員会

あなたの性格

あなたの友情
友だちの多さならイチバン！

塾やクラブ活動などクラスや学校にとらわれず、いろいろな場所で友だちが作れるよ。男女も、年齢も国籍も関係ない。たくさんの人とわけへだてなく遊べるのがみずがめ座さんのいいところなんだ。ただし、ひとりひとりの気持ちをついおろそかにしがちなので、大切にしてあげてね。そしてたまにはひとりの時間も楽しもう。

あなたの友情グラフ

- みんなをもりあげる
- 助けてあげる
- だれとでもなかよし
- 秘密を守る
- ずっとなかよし
- いっしょにがんばる

あなたの恋愛
自由奔放な恋

男女関係なく平等に楽しくつきあいたいみずがめ座さんは、好きな人をひとりに決められない気が多いタイプ。だれとでもなかよくしちゃって、ケンカがぼっ発!?　なんてことも。まずはクラブ活動やサークル活動でみんなとなかよくなろう。

個性的で変わり者な天才タイプ

> みずがめ座の男の子は

勉強以外のこともたくさん知ってるよ。友だちが多くてみんなと平等に接することができる。でもひとりの時間も好きなんだ。ただしがんばるのはキライで、カッコ悪いと思ってる。

幸運の鍵

- カラー：蛍光色、メタリックカラー
- 曜日：土曜日
- ナンバー：4
- スポット：プラネタリウム、実験室
- おしゃれ：ハイソックス、メガネ
- 花：らん
- 宝石：アクアマリン
- アイテム：パソコン、ゲーム機

あなたのダークサイド
消すのは不可能!?　友だちリスト

だれとでも友だちになれるけど、一度友だちになるとず～っと友だち。忘れたころに連絡をして、びっくりさせちゃうことも。友だちの気持ちも大事にしよう。

2/19〜3/20生まれ うお座

守護星：海王星
エレメンツ：水
行動タイプ：サポート

きほんの性格

感性豊かないやし系

共感する力が強くてどんな人や存在も受け入れてしまう、いやし系だよ。意地悪してくる子も言葉が通じない動物も、やさしく受けとめる才能を持っているんだ。傷ついている人や、悲しんでいる人にさりげなく気配りするのもとても上手。自分が目立つのはイヤなので、陰ながらサポートするんだ。感性がするどくて芸術センスも豊か。音楽や映像などで感性を表現することができるよ。

あなたの秘められた才能

情報と情報をつなげる直感力！

一見役に立たないものでも、よいところを見つけることができるんだ。また芸術的センスを持つので音楽や絵のムードを味わうのも得意だよ。

おすすめ勉強法

ルールややり方が決まっている勉強は苦手。まずはなかのいい友だちと同じ方法で勉強するようにしてみよう。音楽を聴きながらやるのもいいよ。

ぴったりのクラブ活動

1. 図工・美術クラブ
2. 音楽クラブ
3. ダンスクラブ

ぴったりの委員会

1. ボランティア委員会
2. 環境委員会
3. 飼育委員会

あなたの性格

あなたの友情
どんな子にもやさしくできる！

弱い子、ダメな子、意地悪な子、どんな性格の子でもいいところをみつけることができるよ。友だちの気持ちをいやしてあげることができるんだ。動物やお年寄り、赤ちゃんにもやさしいよ。ただし悪いことをする子にイヤと言えずに、流されていっしょに悪いことをしてしまうことも。Yes、Noをはっきり伝えるのも思いやりだよ。

あなたの友情グラフ

- みんなをもりあげる
- 助けてあげる
- だれとでもなかよし
- 秘密を守る
- ずっとなかよし
- いっしょにがんばる

あなたの恋愛
ロマンティックな恋

恋に恋するタイプのうお座さん。アイドルやまんがやゲームのキャラクターのほうが好きかも。好きな子にはあなたの好きな世界を見せてあげよう。いっしょに映画をみたり音楽を聴いたり、ゲームをやったりがおすすめ。

やさしくていやし系な妖精タイプ

うお座の男の子は

困っている人、悲しんでいる人にやさしいよ。動物や赤ちゃんなど、弱い人のことも助けてあげるんだ。ただし、自分にもやさしくて、だらだらなまけてしまうことも。

幸運の鍵

カラー：青、マリンブルー、水色
曜日：木曜日
ナンバー：7
スポット：水族館、プール、海辺
おしゃれ：レースのある服、かわいい靴
花：すいれん
宝石：水晶
アイテム：ミネラルウォーター、タロット

あなたのダークサイド
よりかかりすぎて重い!?

甘えん坊なので、ほかの人に任せっぱなし、よりかかりっぱなし。なんでも人に決めてもらってないかな？　ときにはみんなを引っ張っていこうね。

12星座なんでもランキング！

Part1

正義感がある！

1 おひつじ座
2 やぎ座
3 いて座

まがったことは大キライなおひつじ座さんがイチバン！　ルールを守りたいやぎ座さん、自由を愛するいて座さんがランクイン。

友だち思い♡

1 かに座
2 うお座
3 やぎ座

かに座さんはとにかくなかま思い。うお座さんはだれにでもやさしく、やぎ座さんはとても誠実だよ。

おしゃれでセンスいい！

1 てんびん座
2 みずがめ座
3 うお座

てんびん座さんは流行にびんかんなので、おしゃれ度No.1！　みずがめ座さんは、個性的、うお座さんはセンスがいいよ。

将来は社長！

1 やぎ座
2 しし座
3 かに座

リーダーシップがあるやぎ座さんがイチバン！　しし座さんは王様キャラ。かに座さんは人を集めて活動するのが得意なんだ。

第2章
12星座で見る みんなとの相性

★自分の星座と相手の星座の交差するところのマークを
チェックしよう！

相性早見表

あなたの星座 ＼ 相手の星座	おひつじ座	おうし座	ふたご座	かに座	しし座	おとめ座	てんびん座	さそり座	いて座	やぎ座	みずがめ座	うお座
おひつじ座	○	◇	◎	□	◎	△	☆	△	◎	□	○	◇
おうし座	◇	○	◇	◎	□	◎	△	☆	△	◎	□	○
ふたご座	○	◇	○	◇	◎	□	◎	△	☆	△	◎	□
かに座	□	○	◇	○	◇	◎	□	◎	△	☆	△	◎
しし座	◎	□	○	◇	○	◇	◎	□	◎	△	☆	△
おとめ座	△	◎	□	○	◇	○	◇	◎	□	◎	△	☆
てんびん座	☆	△	◎	□	○	◇	○	◇	◎	□	◎	△
さそり座	△	☆	△	◎	□	○	◇	○	◇	◎	□	◎
いて座	◎	△	☆	△	◎	□	○	◇	○	◇	◎	□
やぎ座	□	◎	△	☆	△	◎	□	○	◇	○	◇	◎
みずがめ座	◎	□	◎	△	☆	△	◎	□	○	◇	○	◇
うお座	◇	◎	□	◎	△	☆	△	◎	□	○	◇	○

★左のページでチェックしたマークの説明を読んでね。

◎完ぺきな相性！　大親友になれちゃうよ。

好きなことや好きなものが似ている組みあわせだよ。あなたのことをフォローしてくれるし、いっしょにもりあがれるんだ。似てることがつまらないな〜と思うかも？　恋愛の相手でも相性はバツグン！　楽しいことや好きなことをいっしょに始めることで、なかよくなれるよ。

☆反発もするけどひかれあう関係。なかよくなると強い味方に！

いちいち行動が気になっちゃって、イラッとしても無視できない相手だよ。あなたにはない個性を持っているので、なかよくなると強い味方になるんだ。ライバルとしてもいい相手で、競争することでおたがいに成長しあえる関係だよ。恋愛の相手だとベストパートナー！　おたがいにないものをもっているから助けあえるよ。まずはいっしょに行動して、サポートしてみよう。

⊙しげきしあえて、楽しくもりあがれるなかま。

きょうだいのような、ライバルのような関係。ノリもあうし、気を使わないラクな相手なんだ。ただし、しっかりなかよくしておかないと、クラスが変わっちゃったりすると離れちゃうことも。恋愛の相手でも、きょうだいのような気楽な関係。遊びにさそうことからはじめてみよう。

□役割分担をするといいチームが組める相手。

反発を感じやすい相手だ。でも、行動のスピードやテンポは似ているんだ。だから好きなことが同じなことよりノリが大切な人は、相性がいいなと思うかも。なかよくするには、相手の好きなことを大事にしてあげること。役割分担をきちんとしたり、それぞれが自分で楽しむ時間を大切にするといいよ。恋愛では、ひとめぼれから片思いになりやすい組みあわせ。いいなと思ったら、すぐ行動だよ。

◇助けあうなかまどうし。

あわないな〜って思ってるのに、気になってしまう相手だよ。どちらかがフォローすることになる場合が多いんだ。相手の子をバカにせず、ちゃんと助けてあげるとなかよくなれるよ。恋愛でも同じで、サポートしてあげることが大事！　からかったりしちゃダメだよ。

△あこがれるけど、なかなかなかよくなりづらい相手。

ステキだなって思うのに、なかなかなかよくなりづらい相手。自分にはまったくないものを持ってるし、なんだかペースもあわないから、なかよくなるキッカケがつかみづらいんだ。相手の好きなことや得意なことをしっかり聞いてみようね。尊敬の念を持って接することが大切だよ。恋愛でもなかなかキョリがちぢまらない相手だよ。

♈ おひつじ座

3/21〜4/19 生まれ

相性トップ3！
1. しし座　　2. いて座　　3. ふたご座

♈ おひつじ座
似た者どうしのふたりはいいライバル。ケンカするほどなかがいい!? 思ったことはガマンしないでなんでも話しあってね。

♉ おうし座
まったくペースの違うふたりなのに、不思議と気があうよ。あなたがやり残したことをこっそり手伝ってくれることも。

♊ ふたご座
あなたの行動力と、ふたご座さんの情報収集能力があわさると最強！ 新しい楽しいことがどんどんできるようになるよ。

♋ かに座
なかのいい子だけを大切にするかに座さんには、イラッとしてしまうことも。はずかしがり屋さんなので、思いやりを大事にね。

♌ しし座
あなたのアイディアをもりあげていっしょに楽しんでくれる、最高の相性！ おたがいをほめあうことが長続きのヒケツだよ。

♍ おとめ座
きちんとしててカッコいいけど、近よりがたい相手。できないことはまじめにお願いすると、手伝ってくれる頼もしい味方に。

♎ てんびん座
自分の意見がないように感じて、イラッとしちゃうことも。でもペアを組むとすごく助けてくれる、気配り上手さんだよ。

♏ さそり座
秘密主義で何を考えているかわからない相手。同じものやアイドルなどを好きになると、心を開いてくれるよ。

♐ いて座
情熱的で前向きなふたりは最高の相性！ 同じ目標に向かってがんばれると、よりなかよくなることができるよ。

♑ やぎ座
まじめで優等生なので反発を感じるかも。みんなのためを思う気持ちは同じなので、ルールは守ってあげてね。

♒ みずがめ座
みんなと平等につきあうので、クールだけど頼もしいなかま。個性的でおもしろいよ。友だちをたくさん紹介してもらえそう。

♓ うお座
不思議ちゃんに見えて、ほうっておけない存在。からかったりせずに、手助けしてあげると良さそう。引っ張っていってあげてね。

おうし座

4/20〜5/20生まれ

みんなとの相性

相性トップ3！

1. おとめ座
2. やぎ座
3. かに座

おひつじ座
危なっかしくて、見ててハラハラしちゃう。おひつじ座さんが忘れているようなことは、こっそり手伝ってあげてね。

おうし座
言葉がなくてもペースがあって、気持ちが通じあえるよ。一度ぶつかるとどちらもガンコなので、思いやりを大切に。

ふたご座
あなたのことを気づかってフォローしてくれるよ。面倒くさいなと思ってもおさそいに乗ってみると、新しい発見があるよ。

かに座
こまめに世話を焼いてくれて、とってもやさしい人だよ。かに座さんが悩んでいたら、そばにいて力になってあげてね。

しし座
どちらも自分のこだわりをゆずれない組みあわせ。いっしょに楽しくもりあがるようにすると、なかよくなれるよ。

おとめ座
まじめなだけじゃなく、辛口なユーモアが楽しくて相性最高！ さりげなくあなたをフォローしてくれるよ。

てんびん座
見た目ばかりを気にするので面倒くさいなーと感じちゃうよ。おいしいものを食べたりおしゃべりしたりがなかよくなるヒケツ。

さそり座
秘密主義に感じて、信用できないと思ってしまうかも。時間をかけてうちとけると、心強い味方になるよ。

いて座
好きなことをぐいぐい押しつけてくるみたいで、引いてしまうかも。おおらかなので断っても大丈夫！ 楽しいことだけいっしょに。

やぎ座
のんびりマイペースなあなたのことを、チャキチャキ仕切ってくれる頼もしい存在だよ。信頼できて相性バツグン！

みずがめ座
都合のいいときばかり誘われるような気がして、信じられないと思いがち。気軽につきあうと楽しいなかまになるよ。

うお座
きれいなもの、心地よいものが好きなふたり。いっしょに音楽を聞いたり、美術館に行ったり。映画を見て楽しむのもおすすめ！

ふたご座

5/21〜6/21生まれ

相性トップ3！
1. てんびん座　2. みずがめ座　3. しし座

おひつじ座
いつも新しいアイディアにあふれていて、楽しく遊べるよ。でも行動が雑で少しイライラしちゃうかも？フォローしてあげてね。

おうし座
不器用なのに自分のやり方を変えないので、ほうっておけない相手。できないことは、積極的に手伝ってあげてね。

ふたご座
似たものどうしなので、気が向いたときに遊べるラクチンな関係。でも気まぐれさんどうし、なかなか長続きしないのが欠点。

かに座
自分では大丈夫って思ってるようなことも、何かと世話を焼いてくれてやさしいよ。素直に甘えちゃうと、いい関係に。

しし座
楽しいことをいっしょにやると、もりあがれるいいなかま。でもいちいち大げさになっちゃって、ちょっと面倒くさいかも？

おとめ座
まじめでかたくるしいので、なんだかダメ出しされている気分。でもおしゃべりしてみると、ユーモアがあっておもしろいよ。

てんびん座
こうしてくれたらいいなということを、さっとスマートにやってくれるよ。いろいろな口コミ情報もいっぱい持ってて楽しい相手。

さそり座
何を考えているのかわからない苦手なタイプ。時間をかけるとうちとけてくれて、ひみつの情報をいろいろ教えてくれるよ。

いて座
いちいち行動が大げさに感じてイラッとする相手。でも一度なかよくなると、つよ〜い味方に。おおらかさを見習おう。

やぎ座
いろいろ試したいあなたとちがって、最短距離を行くタイプ。いろんなことを教えてもらうとうまくいくよ。

みずがめ座
個性的でほかの人が知らないようなことを知ってたり、学校以外に友だちがいたりして、すごく楽しい相手だよ。

うお座
なかよくなると甘えてきて、自由がなくなっていくかも。ケンカすると長引く相手。好きなものが似てたりして楽しいところも。

かに座

6/22～7/22生まれ

みんなとの相性

相性トップ3！

1. さそり座　2. うお座　3. おとめ座

♈ おひつじ座
行動的だけど、そのぶん危なっかしく見えたり、ハラハラさせられたり。フォロー役にまわってあげるとうまくいくよ。

♉ おうし座
不安なときにゆったりと話を聞いてくれるよ。くいしんぼなふたりなので、なかよくなるにはおいしいものをいっしょに食べよう。

♊ ふたご座
クールでカッコよく見える相手で、なんでも手伝ってあげたくなっちゃう。情報交換をするとなかよしになれるよ。

♋ かに座
似たものどうしなのに、リーダーあらそいをしちゃうと険悪なムードになりやすいふたり。ゆずってあげるとうまくいくよ。

♌ しし座
あなたがやろうとしていることをどっしりと受けとめてくれる、お姉さんキャラ。素直に甘えるとうまくいくよ。

♍ おとめ座
まじめできちんとしているので、とても安心する相手。あなたにあわせてくれるよ。人の悪口でもりあがらないように注意！

♎ てんびん座
みんなにいい顔してなかまをないがしろにしている感じがしちゃう。でもコミュ力の高さや、おしゃれなセンスを見習おう。

♏ さそり座
あなたの秘密をきちんと守ってくれる、安心できる関係。好きなことがいっしょにできると、ベストパートナーに。

♐ いて座
いいかげんに見えてイラッとするかも。あちこち動き回るのでなかなかペースがあわない感じ。自由さにあこがれちゃうことも。

♑ やぎ座
人の気持ちよりルールを大事にするので、イラッとするかも。まじめで誠実なので一度なかよくなると強い味方になるよ。

♒ みずがめ座
なかよくなれそうなのに、なかなか本音が見えなくて不安を感じちゃうかも。独立心旺盛なので、ペースを尊重してあげてね。

♓ うお座
きれいなものやかわいいものの好みがあうよ。いっしょに買い物に行ったり洋服を見立てたりすると、楽しくつきあえるよ。

7/23 〜 8/22 生まれ
♌ しし座

相性トップ3！
1. いて座　　2. おひつじ座　3. てんびん座

♈ おひつじ座
アイディアがどんどん出てくるので、いっしょにいてとても楽しいよ。新しいことにいっしょに挑戦してみるともっとなかよしに。

♉ おうし座
もりあがっているときにまじめなことを言われてがっかりしちゃうことも。映画や音楽をいっしょに楽しむことでなかよくなれるよ。

♊ ふたご座
情報通でとても刺激的！いろいろなジャンルのおしゃべりを楽しめちゃう。ノリがいいのでどんどんさそっちゃおう。

♋ かに座
あわてんぼうに見えて、ほうっておけない気がしちゃう。フォローしてあげてね。デリカシーがないのはダメ。気づかいが大事だよ。

♌ しし座
自分が一番目立ちたいと思うとうまくいかない関係。いっしょに楽しくもりあがるようにすると、なかよくなれるよ。

♍ おとめ座
あなたの失敗をこっそりフォローしてくれるよ。ダメ出しされている気分になるかもだけど、素直にたよっちゃったほうが◎。

♎ てんびん座
センスがよくていろいろなことを知っているので、おしゃべりしていて楽しいよ。おしゃれの情報をいろいろ教えてもらっちゃおう。

♏ さそり座
秘密主義に感じて、いっしょに楽しめないと思ってしまうかも。時間をかけてうちとけると、心強い味方になるよ。

♐ いて座
とてもおおらかなので、いっしょにいると気持ちがいい相手だよ。あなたのよさをどんどん引き出してくれて、もりあがれるんだ。

♑ やぎ座
いつも慎重なのでネガティブに感じちゃうかも。慎重なのはみんなのためを思ってるから。でも、意見を取り入れるとよい友だちに。

♒ みずがめ座
カッコつけてるように見えてイラッとしちゃうかも。時間をかけてなかよくするとユーモアがあって楽しい友だちになるよ。

♓ うお座
いつもネガティブに見えて楽しくなくなっちゃう気がしちゃう。でもやさしいだけなので、気持ちをわかってあげようね。

40

おとめ座

8/23〜9/22生まれ

相性トップ3！

1. やぎ座　　2. おうし座　　3. さそり座

みんなとの相性

♈ おひつじ座
なにも考えずに動いているように見えて子どもっぽく感じるかも。でも直感力と行動力は一番！いっしょにいると新しい発見が。

♉ おうし座
ついつい手伝ってあげたくなるような関係。センスがよいので、音楽や本、動画などをいっしょに楽しんじゃおう。

♊ ふたご座
いろいろなことを思いつくので、それに振りまわされがちな関係。でもクールな視点と判断力は、とてもカッコよくて刺激的だよ。

♋ かに座
思いやりのあるかに座さんは、いっしょにいて安心できるよ。でもしっと深いところもあって面倒くさいときも。

♌ しし座
しし座さんが大もりあがりしていると、いろいろムダな部分が見えてきてついダメ出ししたくなるかも。フォローしてあげてね。

♍ おとめ座
似たものどうしだけど、気になるポイントがずれているとうまくいかないこtoo。役割をわけるとうまくいくよ。

♎ てんびん座
ぐるぐるなやんで考えているときに、さっと助けてくれる関係。てんびん座さんが持つバランス感覚をお手本にしよう。

♏ さそり座
マニアックな趣味をいっしょに楽しむならさそり座さんが一番！ほかの人にはわかってもらえないポイントをわかってもらえるよ。

♐ いて座
行動がいいかげんに感じてイラッとする相手。でも一度なかよくなると、つよ〜い味方に。おおらかさを見習おう。

♑ やぎ座
気づかないようなことをアドバイスしてくれるたのもしい味方だよ。クラシックや歴史に関係するものなどをいっしょに楽しもう。

♒ みずがめ座
個性的でマイペースなので、あこがれるけど近よりがたい相手。いろんなことを知っているので、話を聞くことでなかよしに。

♓ うお座
いつもまわりの人に甘えているように見えて、イライラする相手。でもやさしさは一番なので、ときどきぐちを聞いてもらおう。

41

てんびん座

9/23～10/23生まれ

相性トップ3！
1. みずがめ座　2. ふたご座　3. いて座

おひつじ座
下品に感じてカッコ悪いと思っちゃう相手。でもおひつじ座さんの裏表のないところは信頼できて、心強い味方になるよ。

おうし座
あんまり見た目を気にしないので、ダサく感じちゃうかも。でも実は質のいいものをよく知ってるよ。時間をかけてうちとけてね。

ふたご座
情報通なふたご座さんはおしゃべりするのがとても楽しいよ。意外なアイディアを出してくれるので、とっても刺激的！

かに座
なかまだけを大事にするかに座さんのやり方がちょっぴり息苦しく感じてしまうかも。気持ちをわかってあげるとうまくいくよ。

しし座
しし座さんの楽しいおさそいにOKすると、いろいろな人に出会える可能性があるよ。コスメやファッションの話でもりあがろう！

おとめ座
細かくてていねいなおとめ座さんには、ついついろいろアドバイスしたくなっちゃう。手伝ってあげると喜んでくれるよ。

てんびん座
似たものどうしだけど、なんとなく張りあってしまう関係。積極的に話しかけるとおしゃべりが楽しい相手だよ。

さそり座
いつの間にかそばにいて、いろいろフォローしてくれるよ。さそり座さんの好きな世界をいっしょに楽しんであげると◎。

いて座
ゲームやスポーツをいっしょに楽しむのにいい相手。自由な発想で攻略してくるのでなかなか手ごわいけど、いいライバルに。

やぎ座
楽しくおしゃべりしてても、まじめなコメントを返してくるのでちょっとがっかり。素直に受けとめたほうがなかよくなれるよ。

みずがめ座
いろいろな人と友だちになれるみずがめ座さんは、ユニークでおしゃべりも楽しい！　いろいろな人とも知りあえるチャンスだよ。

うお座
かわいらしくてやさしいので、あこがれちゃう。おしゃれの話でもりあがれるよ。コツをおしえてもらっちゃおう。

♏ さそり座

10/24〜11/22生まれ

みんなとの相性

相性トップ3！

1. うお座　　2. かに座　　3. やぎ座

♈ おひつじ座
まっすぐすぎて少しこわく感じるかも。でも裏表はないから大丈夫。すなおに気持ちを伝えたほうがいい関係になれるよ。

♉ おうし座
ロマンティックなさそり座さんと現実的なおうし座さん。でもふたりとも集中力があるので、いっしょに遊ぶと友情が深まるよ。

♊ ふたご座
ふたりきりで遊びたくても、いろんな子となかよくしちゃうのでちょっとがっかり。重たく考えないことがなかよくなるヒケツ。

♋ かに座
とても気があって、好きなことをいっしょに楽しめるよ。おそろいコーデをしてみたり、いっしょに勉強してみたりがおすすめ。

♌ しし座
明るくてあけっぴろげなので、ちょっと引いてしまうかも。いっぱいほめて、思い切って甘えちゃうとうまくいくよ。

♍ おとめ座
繊細な神経をしているので、あなたの気持ちをやさしくうけとめてくれるよ。同じ「おし」がいるとすごくもりあがれちゃう。

♎ てんびん座
ふたりだけのヒミツのつもりでも、みんなに言っちゃったりするのでがっかりするかも。あなたのよさを紹介してくれてるはず。

♏ さそり座
似たものどうしなので、好きなことが同じだと大のなかよしに。そうでないとなかなか気持ちがつうじあわないかも。

♐ いて座
がんがんさそってくる子もいて、少し苦手かも。ことわっても引きずらないのでだいじょうぶだよ。またさそってね、って言おう。

♑ やぎ座
まじめだけど、意外に好きなものが同じだったりすることがあるよ。センスがあうのでいっしょにショッピングもおすすめ。

♒ みずがめ座
友だちが多いので少し苦手に感じるかも。遊びたいときだけ遊ぶのでもだいじょうぶ。マイペースどうしで気があうよ。

♓ うお座
あなたのことをやさしくうけとめてくれる、ベストパートナー！ ペットや好きなスイーツの話でもりあがれそう。

いて座

11/23～12/21生まれ

相性トップ3!
1. おひつじ座　2. しし座　3. みずがめ座

おひつじ座
迷ってなやんでいるときも、パシッと答えを出してくれる心強い味方だよ。新しいアイディアいっぱいなので遊んでても楽しいよ。

おうし座
何を考えているかよくわからない不思議な相手。じっくり話をしてみると意外なユーモアを持っていておもしろいよ。

ふたご座
カッコつけてるように見えてイラッとしちゃうかも。でもおもしろいアイディアをたくさん持ってて、楽しく遊べるよ。

かに座
なかなかうちとけてくれない、むずかしい相手。かに座さんが好きなことをいっしょにやってみるのがなかよしのヒケツだよ。

しし座
楽しいことをいっしょにやると、もりあがれるいいなかま。でもいちいち大げさになっちゃって、ちょっと面倒くさいかも？

おとめ座
まじめでかたくるしいので、なんだかダメ出しされている気分。スポーツをいっしょにすると、いいライバルになるよ。

てんびん座
アクティブなので、いっしょにいてあきない楽しい相手だよ。ゲームやスポーツで競争すると、いいライバルになるよ。

さそり座
なぜかおせっかいをやきたくなる相手。好きなことにすごくくわしいので、いろいろ教えてもらうと楽しいよ。

いて座
似たものどうしで気があう相手だよ。ただしふざけすぎて悪ノリしすぎないように注意。ふたりでがんばれることを見つけよう。

やぎ座
あなたがうっかりしていたことでも、きちんとフォローしてくれるよ。ちゃんとありがとうと伝えるのが、なかよしのヒケツだよ。

みずがめ座
おもしろいゲームや遊びの情報にくわしいから、いっしょに遊ぶともりあがれるよ。知らないことをたくさん教えてもらえそう。

うお座
ネガティブな性格に感じて、苦手に思うかも。でもそれはすごく繊細でやさしいから。あなたが守ってあげるつもりで接してね。

やぎ座

12/22〜1/19生まれ

相性トップ3！
1. おうし座　2. おとめ座　3. うお座

みんなとの相性

おひつじ座
ひとりで行動しちゃうので、自分勝手に思えてイラッとしちゃうかも。でもだれもマネができないアイディアがいっぱいだよ。

おうし座
落ちつかないときにゆったりと話を聞いてくれるよ。センスがいいので音楽や映画などをいっしょに楽しむのがおすすめ！

ふたご座
計画性がないように見えてイラッとしちゃうことも。いろんな情報をたくさん持っているので、おしゃべりを楽しんで。

かに座
ルールより人の気持ちを大事にするので、イラッとするかも。なかま思いなので一度なかよくなると強い味方になるよ。

しし座
明るく堂々としているのがまぶしいけど、マイペースなところにイライラすることも。たよってみるとすごくがんばってくれるよ。

おとめ座
ひっそりと目立たないようにサポートしてくれるので、強い味方に！大人っぽい趣味もちゃんとわかってくれるよ。

てんびん座
大事なときにまじめにしてくれないように感じてイライラしちゃう。でもみんなをなかよくさせるパワーは一番だよ。

さそり座
なかよくなるのは時間がかかるけど、ヒミツをうちあけるとしっかりとしたきずなができるよ。まずは心を通じあわせてね。

いて座
行動力たっぷりないて座さんにはハラハラさせられっぱなし！でもいろいろなことを楽しめるから、フォローしてあげてね。

やぎ座
似たものどうしなのに、どっちがリーダーかで険悪なムードになりやすいふたり。相手のいいところをちゃんと見てあげよう。

みずがめ座
ルールを無視しているように見えていらいらしちゃう。実はよくするためのアイディアがたくさんなので、意見を交換してみよう。

うお座
ロマンティストのうお座さんには、はっと気づかされることがたくさんあるよ。映画や音楽をいっしょに楽しもう。

1/20〜2/18生まれ みずがめ座

相性トップ3！

1. ふたご座　2. てんびん座　3. おひつじ座

おひつじ座
思いつかないようなおもしろいアイディアを持っているので、とても刺激的！ おひつじ座さんの行動力を見習おう。

おうし座
なかなか自分から動いてくれないのでケチくさく感じちゃうけど、慎重なだけ。力を貸してってお願いするとうまくいくよ。

ふたご座
情報通でとても刺激的！ いろいろなジャンルのおしゃべりを楽しめちゃう。気まぐれなのでマメに連絡してね。

かに座
内気なのでなかなか心を開いてくれないかも。なかよしとそれ以外をはっきり分けるので、まずはゆっくり話を聞いてあげてね。

しし座
おしが強いと感じてしまうかも。でも楽しいことをいっしょにやるには最高の相手。いいところをいっぱいほめてあげてね。

おとめ座
あなたの失敗をこっそりフォローしてくれるよ。ダメ出しされている気分になるかもだけど、素直にたよっちゃったほうが◎。

てんびん座
センスよくていろいろなことを知っているので、おしゃべりしていて楽しいよ。おしゃれの情報をいろいろ教えてもらっちゃおう。

さそり座
こだわりが強いので面倒くさいと思うかも。マニアックなことを知っているので、話をいっぱい聞いてあげるとなかよくなれるよ。

いて座
ノリがよくてなんでもつきあってくれる楽しい相手。スポーツやゲームでもりあがろう。つい時間を忘れて遊びすぎちゃうかも。

やぎ座
まじめで四角四面なので、つまらないと思っちゃうかも。でも好きなことについては博識なので、いろいろ教えてもらっちゃおう。

みずがめ座
似たものどうしだけど、なんとなく距離をとってしまう相手。思い切って近づくと、おしゃべりも楽しいし気があう相手だよ。

うお座
あなたができないことや、忘れていたようなことを、こっそりフォローしてくれるよ。繊細なので思いやりを持ってあげてね。

うお座

2/19～3/20生まれ

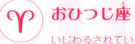

相性トップ3！

1. かに座　　2. さそり座　　3. おうし座

おひつじ座
いじわるされているような気持ちになる相手。でも素直なのでイヤなことは言えばやめてくれるはず。たよると強い味方だよ。

おうし座
心地よいものが好きなふたり。音楽や映画などをいっしょに楽しむと、なかよしになれるよ。積極的に声をかけてみてね。

ふたご座
クールな言葉でズバズバと言ってくるので、時には傷ついてしまうかも。さっしてもらおうとせずに、気持ちは言葉で伝えよう。

かに座
気持ちがピッタリあうベストパートナー！ 言葉にしなくてもわかってくれそう。世話好きなので、ついつい甘えちゃうかも。

しし座
堂々としているので、ちょっと気おくれしてしまうかも。おどおどしないで自信を持ってせっすれば、なかよくなれるよ。

おとめ座
気のつかい方のポイントがずれてるように感じるよ。でもロマンチストなふたりなので、案外、好きなことが共通しているかも。

てんびん座
おしゃべりしてくれてもよそよそしく感じちゃう。おしゃれのセンスがいいので、まずはいろいろ情報を引き出しちゃおう。

さそり座
深く気持ちがわかりあえる相手だよ。うちとけるまで時間がかかるけど、ゆっくりとなかよくしていこう。

いて座
ポジティブすぎてイラッとしちゃうこともあるけど、いて座さんの夢を応援することでなかよくなれるよ。甘えすぎはNG。

やぎ座
おとなっぽいアドバイスしてくれる、たのもしい味方だよ。クラシックや歴史に関係するものなどをいっしょに楽しもう。

みずがめ座
個性的でマイペースなので、あこがれるけど少し近寄りがたい。クールだけどみんなに平等にやさしいよ。対等につきあう努力を。

うお座
似たものどうしだけど、甘えすぎちゃうとうまくいかない相手。相手のためにがんばれるとうまくいくよ。

みんなとの相性

47

12星座 なんでもランキング！ Part2

☆ 将来はお金持ち！

2 さそり座　1 おうし座　3 しし座

お金を貯めるのが得意なのはおうし座さん。さそり座さんは引きよせ力バツグン！　しし座さんは働き者だよ。

☆ はなやかで目立つ！

2 おひつじ座　1 しし座　3 てんびん座

女王の風格を持つしし座さんがNo.1！　おひつじ座さんはアクティブなので、目立つよ。おしゃれで目立つのはてんびん座さんだよ。

☆ 好きなものコレクター！

2 おうし座　1 さそり座　3 みずがめ座

夢中になるととことん集めちゃうのがさそり座さん。おうし座さんはとにかく持っていたいタイプ。みずがめ座さんはこり性だよ。

☆ ちょっと変わり者

2 おとめ座　1 みずがめ座　3 さそり座

個性派No.1はみずがめ座さん。こり性でいつのまにか変わり者になってるおとめ座さん。さそり座さんは人が知らないものに夢中に。

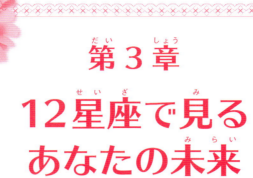

第3章
12星座で見る あなたの未来

うらないたい年のえとを調べて、自分の星座のページをチェックしよう！　幸運の年、がんばる年が書いてあるよ。

		うらないたい年		
えと	ねずみ	2008	2020	2032
	うし	2009	2021	2033
	とら	2010	2022	2034
	うさぎ	2011	2023	2035
	たつ	2012	2024	2036
	へび	2013	2025	2037
	うま	2014	2026	2038
	ひつじ	2015	2027	2039
	さる	2016	2028	2040
	とり	2017	2029	2041
	いぬ	2018	2030	2042
	いのしし	2019	2031	2043

♈ おひつじ座 3/21～4/19生まれ

新しい分野で活躍しよう！

安心で安定した場所にいるよりも、新しい世界を切りひらいていくことが大切なんだ。そのためにはほかの人と同じではダメで、個性をしっかり出していかないといけないんだよ。そして思いついたら、すぐに行動することが大事。ダメでももともとの気持ちと、チャレンジ精神を忘れないで。
幸運の年は、どんどん行動力がアップする年。直感を大切に！がんばる年は、ひとりではうまくいかなそう。だれかといっしょにがんばることで、ステップアップできるよ。

ぴったりのお仕事
警察官、自衛官、消防士、救急救命士、会社社長、スポーツ選手、スポーツインストラクター、レーサー、フリーランス、ミュージシャン

幸運の年
 うさぎ年　 ひつじ年　 いのしし年

がんばる年
 ねずみ年　 うま年　 とり年

♉ おうし座 4/20～5/20生まれ

時間をかけて努力して、形にしていこう！

大きな目標のために何年もかけて準備してがんばって、そして夢をかなえたあともずっと続けていくパワーを持っているよ。おうし座さんはいろいろな能力を、繰り返し練習することによってためこんでいくことができるんだ。それは将来あなたの強い味方になるよ。コツコツとがんばろう。
幸運の年は、やりたいことが広がっていく年。どんどん進めていこう。がんばる年は、まわりの人に力を貸してあげることによって、自分の夢に一歩近づけるよ。

ぴったりのお仕事
パティシエ、栄養士、シェフ、ソムリエ、調理師、園芸師、農家、歌手、声楽家、声優、会計士、銀行関係、デザイナー、スポーツ選手

幸運の年
 ねずみ年　 たつ年　 さる年

がんばる年
 うし年　 ひつじ年　 いぬ年

Ⅱ ふたご座 5/21〜6/21生まれ

マジシャンのようにいろんな技を使おう！

器用で頭の回転が速く、どんなことにもすばやく対応できるふたご座さんは、どんなことが起こっても、荒波をサーフィンで乗りこなすように、軽やかに人生を渡っていけるよ。好奇心を忘れずに、おもしろいと思ったことをどんどん勉強することが、うまいサーフィンのコツ！

幸運の年は、大勢の人たちと知りあうチャンス。情報もたくさん集まるよ。がんばる年は、好きじゃない人たちのこともがんばってサポートしてあげると良さそう。

ぴったりのお仕事
ライター、コピーライター、通訳、新聞記者、編集者、作家、お笑い芸人、レポーター、小学校の先生、塾の先生、バスや電車の運転士、営業職

幸運の年 うし年 へび年 とり年　**がんばる年** とら年 さる年 いのしし年

♋ かに座 6/22〜7/22生まれ

心が通じあうなかまのリーダーになろう！

愛情を持ってサポートしあえる、なかまや家族をつくっていこう。そのリーダーとして、まわりの人からたよりにされてるよ。そのためには気持ちをこめて人の手助けをしよう。みんなとなかよくすることが、幸運の鍵。家族や友だちを大切にしてね。

幸運の年は、共感できるなかまが増えていく年。好きなことを積極的にみんなとやっていこう。がんばる年は、友だち以外の人たちをしっかり手助けしよう。

ぴったりのお仕事
保育士、介護士、看護師、料理研究家、パティシエ、花屋、トリマー、獣医、キャビンアテンダント、建築家、インテリアデザイナー

幸運の年 とら年 うま年 いぬ年　**がんばる年** ねずみ年 うさぎ年 とり年

♌ しし座 7/23〜8/22生まれ

夢中になれることで主役になろう！

好きなことを一生懸命にやることが、しし座さんの運命を切りひらいていくよ。そのためには自分が一番輝けるステージを探さなくてはいけないし、好きなことに正面から取り組まなくちゃいけない。どんなことだったらドキドキするか、探してみよう。

幸運の年は、がんばってきたことが認めてもらえたり、いっしょにもりあげてくれる人たちが集まってくる年。がんばる年は、主役はほかの人にゆずって裏方をやろう。

ぴったりのお仕事
俳優、タレント、アイドル、ダンサー、小説家、漫画家、映画監督、画家、クリエイター、カメラマン、宝石デザイナー、エステティシャン

幸運の年：うさぎ年 ひつじ年 いのしし年

がんばる年：うし年 たつ年 いぬ年

♍ おとめ座 8/23〜9/22生まれ

有能で最強なサポート役をめざせ！

ほかの人のために、自分の能力を役立てることができているよ。人が生きていくのに必要な、からだのことやお金のことを学んで、みんなの生活の役に立つことが、おとめ座さんの未来なんだ。また芸術の分野で人の気持ちをいやすのもおすすめ。

幸運の年は、がんばってきたことがきちんと評価してもらえる年。あなたの力が頼りにされるよ。がんばる年は、弱い人にも思いやりを持って接しよう。

ぴったりのお仕事
秘書、会計士、税理士、学校の先生、薬剤師、医師、セラピスト、看護師、マネージャー、アロマテラピスト、サウンドクリエイター

幸運の年：ねずみ年 たつ年 さる年

がんばる年：とら年 へび年 いのしし年

あなたの未来

♎ てんびん座
9/23～10/23生まれ

美しさと知性をみがこう！

いろいろな人と人をあなたの知性とコミュ力でつないでいけるよ。どんなファッションでどんなふうなトークをすれば、みんなとなかよくできるのかをよく知ってるんだ。美的センスと知性をみがいていくことで、おおぜいの人に認めてもらえるようになるよ。
幸運の年は、より多くの人たちにほめてもらえるようになる年。どんどん新しい知識を身につけよう。がんばる年は、ひとりでもやりたいことに取り組もう。

ぴったりのお仕事
デザイナー、俳優、政治家、接客業、花屋、インテリアコーディネーター、メイクアップアーティスト、美容師、ブライダルコーディネーター

幸運の年

うし年　へび年　とり年

がんばる年

ねずみ年　うさぎ年　うま年

♏ さそり座
10/24～11/22生まれ

好きな道をきわめよう！

ひとつのことにとことん夢中になれる力があるから、好きな世界でのマスターになれるよ。あなたが本当に夢中になったことは、ほかの人を夢中にさせるようなパワーがあるんだ。まだ好きなことが見つからない人は、一生好きでいられるようなことをこれから探してみてね。
幸運の年は、好きなものに共感してくれる人が増える年。がんばる年は、好きじゃないけどがんばらなくちゃいけない勉強などをがんばろう。

ぴったりのお仕事
考古学者、歴史学者、アンティークショップ店員、調理師、神職、俳優、声優、まんが家、小説家、心理学者、医者、警察官、銀行員

幸運の年

とら年　うま年　いぬ年

がんばる年

うし年　たつ年　ひつじ年

11/23～12/21生まれ いて座

世界をまたにかけて大かつやく！

いて座さんは広い世界で好きなことをして、かつやくしていける人なんだよ。外国で活動するのもおすすめだけど、日本にいても大丈夫。たとえば小説や映画などは、住んでいる場所に関係なく広くみんなに見てもらえるんだ。好きなことをどんどん広げていけるようになるよ。
幸運の年は、新しいアイデアがたくさん出てきたり、夢がかなったりするよ。がんばる年は、好きなことのためにちゃんとした勉強をする時だよ。

ぴったりのお仕事
学者、パイロット、ツアーコンダクター、通訳、弁護士、教師、スポーツ選手、小説家、出版業、翻訳家、ジャーナリスト、冒険家、映像制作者

幸運の年
 うさぎ年　 ひつじ年　 いのしし年

がんばる年
 とら年　 へび年　 さる年

12/22～1/19生まれ やぎ座

社会で役に立つ人になる！

きちんとした学校にいって、きちんとした会社におつとめして、しっかりお金をかせぐというのがやぎ座さんにとって大事なこと。でもそれだけじゃなく、社会のルールをもっといいものにしようとか、みんなの生活がよくなるようにかつやくしていくよ。
幸運の年は、やり始めたことがうまく進んでいく年だよ。自分にできないことができる人といっしょに、何かやってみよう。がんばる年はチームワークと思いやりを大切にね。

ぴったりのお仕事
会社の社長、公務員、政治家、教師、建築家、不動産業、電車やバスの運転手、クラシック音楽家、映画監督、伝統芸能、考古学者、まんが家

幸運の年
 ねずみ年　 たつ年　 さる年

がんばる年
 うさぎ年　 うま年　 とり年

あなたの未来

みずがめ座

1/20～2/18生まれ

時代の最先端をいく！

個性的なみずがめ座さんは、人が歩まない道を歩こうとするよ。新しいことをしている会社で仕事したり、フリーで働いたり。いろいろな国の人や、いろいろな立場の人とかかわれることをするんだ。コンピュータや先進テクノロジー分野でもかつやくできるよ。

幸運の年は、おもしろい人たちと出会える年。あなたがやってることを応援してくれるよ。がんばる年は、ちゃんと正面からものごとに取り組もうね。

ぴったりのお仕事
CG制作者、コンピュータプログラマー、メイクアップアーティスト、モデル、俳優、声優、クリエイター、脚本家、天文学者、発明家

幸運の年   うし年 へび年 とり年

がんばる年   たつ年 ひつじ年 いぬ年

うお座

2/19～3/20生まれ

みんなの心のささえになろう！

どんな人や動物にもそっとよりそうことができるうお座さんは、みんなの心のささえとなれるんだ。人の話をていねいに聞いてあげたり、ただだまってお世話をしてあげたりするよ。また、芸術的センスをいかして、作品を作って人を感動させたりもできるんだ。

幸運の年は、あなたを助けてくれる人があらわれるよ。みんなに甘えちゃおう。がんばる年は、苦手な勉強をきちんとするといい年だよ。

ぴったりのお仕事
ペットショップ店員、水族館・動物園スタッフ、薬剤師、セラピスト、まんが家、イラストレーター、作家、デザイナー、映像作家、音楽家

幸運の年   とら年 うま年 いぬ年

がんばる年   へび年 さる年 いのしし年

12星座 なんでもランキング！

Part3

☆ お笑いセンスがある！

2 いて座　1 ふたご座　3 おとめ座

ジョークのキレがするどいのはふたご座さん。ボケがいい味出しているのはいて座さん。ツッコミ役はおとめ座さんだよ。

☆ キレイ好き♡

2 かに座　1 おとめ座　3 ふたご座

おとめ座さんは整理整頓が好き。家族のためにきれいにしておきたいかに座さん。ふたご座さんは散らかすけど片付けるのも早いよ。

☆ 好奇心旺盛！

2 ふたご座　1 いて座　3 おひつじ座

いて座さんはおもしろそうなら、すぐ飛んでいくよ。ふたご座さんは情報を集めるのが得意。おひつじ座さんは新しいものが大好き！

☆ 将来は芸術家！

2 てんびん座　1 うお座　3 おうし座

センスがいいのはうお座さん。てんびん座さんも流行を取り入れたものを作れるよ。おうし座さんはものを作るのが得意だよ。

タイプ別あるある！

第4章
12星座タイプ別
あるある！

★星座から、エレメンツと行動タイプをチェックしよう！

		行動タイプ		
		アクティブ	マイペース	サポート
エレメンツ	火	おひつじ座	しし座	いて座
	土	やぎ座	おうし座	おとめ座
	風	てんびん座	みずがめ座	ふたご座
	水	かに座	さそり座	うお座

★エレメンツはやりたいことや向いてること、
　好きなことなんかをあらわしてるんだ。

火のエレメンツ
おひつじ座・しし座・いて座
情熱的でもりあがりが
大事！ 負けず
ギライだよ。

土のエレメンツ
おうし座・おとめ座・やぎ座
現実的で形にすることが
大事！ まじめだよ。

風のエレメンツ
ふたご座・てんびん座・みずがめ座
客観的で交流することが
大事！ 知的だよ。

水のエレメンツ
かに座・さそり座・うお座
情緒的で心が通じあう
ことが大事！
やさしいよ。

★行動タイプは、行動パターンをあらわしてるよ。

アクティブ
おひつじ座・かに座
てんびん座・やぎ座
活動的でじっとしていない、
リーダーシップに優れた
グループだよ。

マイペース
おうし座・しし座
さそり座・みずがめ座
自分のペースで行動する、
アーティストタイプの
のグループだよ。

サポート
ふたご座・おとめ座
いて座・うお座
まわりにあわせて動く、
サポート能力の高い
グループだよ。

行動タイプあるある!?

キーンコーンカーンコーン…
授業がはじまるよ。あれ、来てない人もいる!?

- アクティブ　早く行こうって思ってるんだけど、あーっ、忘れ物したー！
- マイペース　気が向いたら早く行くけど、遅刻しちゃうときもあるかも…
- サポート　いつも早く来て準備してるよ！

「この問題わかる人〜？」と先生が言ったよ。
どうするかな？

- アクティブ　聞かれる前に答えちゃった！
- マイペース　さされたら、答えようかな〜
- サポート　わかったらすぐ手をあげなくちゃ！

転校生が来た！　あなたは話しかける？

- アクティブ　どこから来たんだろう？　なんでも聞いてみたい！
- マイペース　話しかけられたら、こたえようかな…
- サポート　困ってるなら声をかけてあげなくちゃだけど、どうしよう〜？

グループ学習の時間。どんなふうに協力しあう？

- アクティブ　まずやることを調べて、みんなで分担して、あっ、マイペースちゃん、なにひとりでやってるの!?
- マイペース　わたしこの作業が得意だから、これがんばる〜
- サポート　やること言ってくれないと、なにしていいかわからないよ〜

エレメンツあるある!?

授業中に具合が悪くなっちゃった子がいるよ。どうする？

アクティブ　はいはい！　保健室につきそいます！
マイペース　あとでノートを貸してあげよっと。
サポート　先生に言わなくちゃ！

友だちとケンカしちゃった！どうしよう？

アクティブ　しょうがないから、ほかの子と遊ぼっと。
マイペース　向こうがあやまってくれたら、わたしもあやまるかも…
サポート　わたしからあやまったほうがいいかな～。どうしよう…

学芸会の配役を決めることに！どんな役に立候補する？

火　はいはーい！　絶対主役！目立つなら悪者役もいいな！
土　舞台装置とか作りたいかも…
風　主役をやりたいけど、ナレーターもカッコよくない？
水　はずかしいから劇とかいやだな…えー、推薦されちゃった!?

気になる子となかよくなりたい！　どうする？

火　とにかくいっしょに遊ぼうとさそう！
土　同じ班になったり同じ係をやったらなかよくなれるかも～！
風　どんな子かほかの子に聞いて、作戦をねる！
水　どんなことが好きなのかな？好きなことをいっしょにやりたいな…

タイプ別あるある！

🌸 テストがむずかしい！ どうしよう？

火 こういうのはカンが大切！
　エンピツにしるしつけて転がして決める！
土 しょうがない、できるところまでやってみよう
風 ムリムリ。さっさとあきらめちゃお。
水 どうしよう、むずかしいよ、どうしよう〜〜

🌸 放課後はどんなふうにすごす？

火 とにかく遊ぶ！ クラブ活動もがんばるんだ！
土 宿題でしょ、塾でしょ、おうちの手伝いもあるし、忙しいよ…
風 みんなと遊ぶよ。クラスのちがう子ともおしゃべりしたいんだ。
水 ヒミツ♡

🌸 めちゃくちゃいい日だった！ まずだれに言う？

火 全世界中に言いた〜い！
土 たいしたことないと思うし、言わない。
風 SNSにアップしちゃう♪
水 家族かな。だれにも言わないで日記に書くかも。

🌸 宿題が多い！ どうしよう？

火 は〜無理無理。あきらめよ〜
土 ちゃんとできるように計画立てよう。
風 友だちと分担してやれば、早くない？
水 お父さんとお母さん、手伝ってくれないかな…

🌸 今日はついてない日だった…。気分をなおすにはどうする？

火 食べて寝れば忘れるし、大丈夫！ 楽しいこと考える！
土 どこがダメだったんだろう…、どうすればよかったんだろう…
風 友だちとおしゃべり！ 本を読んだり、SNSもいいかも！
水 なかなかなおせない…。悲しいまんが読んでいっぱい泣く〜！

12星座うらない Q&A

Q. 同じ星座の人や誕生日の人は、同じ運命になるの？

12星座うらないのもとになっている西洋占星術は、生まれた時間や場所も計算して調べるものなんだ。だから同じ日に生まれても、生まれた時間や場所によって少し変わるし、そしてまわりにいる人たちとの相性によっても人生は大きく変わるよ。だから双子や三つ子でも、学校でクラスが分かれると友だちはちがう人になるので、やっぱり違う人生になるんだ。そして一番大事なことは、だれにでも選ぶ自由があるということ。運命の分かれ道でどちらを選ぶかは、その人の意志にまかされているんだよ。

Q. 悪い運命や悪い相性はあるの？

実はうらないには、いいとか悪いとかはないんだよ。例えば、クラス替えでなかのいい子と離れちゃったときに、「新しい子と知りあえて、友だちが増えてラッキー」って思うか、「なかよしな友だちと離れてがっかり…」と思うかは、その人によるよね。この場合、うらないでわかることは「友だち関係で変化があります」だけだったりするよ。
同じように相性も、自分と似たタイプの人が好きな人、違うタイプが好きな人がいるので、いいか悪いかは、考え方次第だよ。自分とどんなふうに違うのかをぜひ研究してみて、だれとでもなかよくできるようになってね。

Q. ぜんぜん当たってない！ どうして？

当たってない場合はあなたに「かくれ星座」がたくさんある場合があるよ。「裏の顔」とか呼ばれてたりするよ。当たってないと感じたら、自分の星座の当たってないと感じたことを一生懸命やると、幸運をさずかると言われているよ。

Q. 星座のさかいめに生まれたけど、本によって前の星座だったり後ろの星座だったりするよ。どっちを見ればいいの?

星座が変わるタイミングは、毎年少しずつ時間がちがうんだよ。正確には、生まれた年や時間、場所などがわからないと調べられないんだ。迷ったら後ろの星座を選ぼう。おひつじ座とおうし座のさかい目なら、おうし座を、おうし座とふたご座のさかい目ならふたご座を、というふうに選んでね。

Q.12星座うらないなのに干支が出てくるのはどうして?

干支、つまり十二支は、地球から見た木星の方向で決められてるんだ。西洋の人は、木星の方向を星座であらわしているけれど、中国の人は十二支であらわしてたんだ。西洋占星術では木星がラッキーな星なので、ラッキーな年を干支であらわすことができるんだよ。

Q. お誕生日はどんなふうにすごせばいいかな?

西洋占星術では、お誕生日は1年の縮図と言われているんだよ。だから次のお誕生日までの1年間にしたいことをその日に少しやってみたり、なかよくしたい人と会ったりするといいんだよ。

Q. うらない師になるにはどうしたらいいの?

専門の本を読んで勉強したり、うらない師の先生から直接教えてもらったり、専門の学校に行ったりして、うらないの勉強をするよ。でも、うらないの知識だけではうらないはできないんだ。いろいろな人の悩みごとの相談を聞いて理解するには、いろいろな知識を幅広く持ってないとダメなんだよ。だからうらない師になりたい人は、まずは学校の勉強をしっかりしたり、いろいろな人の話を聞いたり、ニュースをしっかり読んだりしよう。きらいな人でもその人がどんな人なのか、どうして自分はきらいだと思っているのか、自分と人の気持ちを冷静に観察してみよう。そして、いろいろなことにチャレンジして、たくさんのことを経験することで、良いうらない師になれるよ。

著　ミズマチユミコ（おうし座）

有限会社 アクアチッタ　取締役
デザイナー・ディレクター・占い師
占術：西洋占星術・タロットリーディング・水晶リーディング

美しいものとおいしいものが大好きなおうし座生まれ。
不思議なことも大好きでデザイナーをやりながら、子どものころから大好きだった星やタロットカード、水晶などに親しむうちに、口コミからうらないのお客様が増えて、デザインとうらないのお仕事を両立するようになる。
現在は東京・南阿佐ヶ谷のうらないショップ「ウラナイトナカイ」にて、店舗運営とうらない鑑定、うらない講座、テキスト執筆などを担当。
趣味はスキューバダイビングとキーボード演奏、旅行、ソーシャルゲームなど。
「生活の役に立つ、楽しいうらない」をモットーに活動中。

イラスト表紙：真瀬ひかる
　　　　　本文：猫野ココ　サトウコウタ
デザイン：水町由美子（アクアチッタ）

運命がかわる!?
キラキラ☆ハッピー　星座うらない

2018年10月　初版第一刷発行
2021年7月　初版第三刷発行

著　ミズマチユミコ
発行者　小安宏幸
発行所　株式会社　汐文社
　　　　〒102-0071　東京都千代田区富士見1-6-1
　　　　TEL 03-6862-5200　FAX 03-6862-5202
　　　　https://www.choubunsha.com

印　刷　新星社西川印刷株式会社
製　本　東京美術紙工協業組合
ISBN978-4-8113-2535-4